これ持っていきなよ、あげる。

そう言われて受け取った文庫本からは、クリーム色の小さな付箋がぴょんと飛び出ていた。

開くと、付箋の下には、こうあった。

世間はひとつの地球で間に合っても
ひとつばかりの地球では
僕の世界が広すぎる

なんでここに貼ったの？

このあいだ、ちょっと悩んでたでしょ。

そうだ、私は悩んでいて、その話をしたのだった。
そして、今もそのことで悩んでいるのだった。
悩んでいる、というよりは、その考えのなかに「沈んでいる」ような感じだ。

現実には、もうここを出て行くと決めたのだ。

今はもう、駅のホームに立っていて、これから来る電車に乗って、遠い都会までひとりで出て行くのだ。

この選択を変える気など、一切ない。


でも、心のなかからは、疑いが消えない。

自分は、逃げるのだろうか？


「挑戦だ」「新しい人生のステージだ」と言ってくれる友だちがいた。

でも、先輩には「現実から逃げたいだけなのではないか」「逃げ回っていたら、どこに行っても同じことになるぞ」と言われた。上司にも同じことを言われた。

たしかにそうかもしれない。

これまでの仕事を辞め、ひとりでここを出て行くのは、単なる現実逃避なのではないか。

ここで耐えられなかったことが、慣れない場所に行って耐えられるのだろうか。

結局はもっとひどい目にあって、しっぽを巻いて帰ってきて、恥ずかしい思いをするだけなのではないか。

正しい「挑戦」なのか。

それとも、まちがった「逃げ」にすぎないのか。

何度考えても、答えは出なかった。

この詩を書いた人も、田舎から都会に出て、苦労したんだよ。
でも、ちゃんとこうやって、作品が残ってるよ。

そうなんだ。
「東京に行くのは、ただの逃げなんじゃないか」って言ってたよね。
あのあと、これを思い出したんだ。
この人は、地球を食べちゃったりするんだよ。詩だけど。

ふたたび開いたページに目を落とした。
この詩人は「僕の世界」が広すぎて、ひとつやふたつの地球では足りないのだ。
「僕の世界」のなかに、地球がいくつもころがっているのだ。

だったら、どこに行っても、逃げたことにならないよね。

地球を食べて、おなかに入れてしまえば、たしかに、どこに逃げたことにもならないだろう。地球を全部抱えていくのだ。
でも、自分にはそんな大きな「世界」はない。
この詩人はどうして、そんなに広い「僕の世界」を持てたのだろう。

そんなすごい気分には、なれないかなあ。

そうだよね、とふたりで笑った。

でも、そういう気分にもなれるかもしれないよ。なろうと思えば。
っていうか、なりなよ。

地球をいくつも飲み込んで、ゴロゴロさせておくほどの大きな「自分の世界」なんて、はたして、持てるものだろうか。
でも、少なくとも、それを思いついた詩人がいたのだ。

あのね、逃げでも挑戦でも、どっちでも関係ないんだよ。生活はみんな、だれだって、すごく小さいけど、結局は、巨大な世界に生きてるんだから。

電車が来た。

本を閉じ、カバンに入れ、ありがとう、と言って、電車に乗った。
窓越しに手を振った。

そうだ。
逃げでも、挑戦でも、結局は同じだ。
逃げなら逃げで、どこまでも逃げていけ。
逃げられるところまで逃げきって、そしたら、どこかの地球には着くだろう。

振り返してくれる手が視界から消えた。

（引用部「僕の詩」『山之口貘詩集』高良勉編　岩波文庫）

3年の星占い 2021-2023

taurus

牡牛座

石井ゆかり

すみれ書房

光の当たる、明るい場所に立つ

はじめに

こんにちは、石井ゆかりです。

本書は、いわゆる「西洋占星術」の手法で、２０２１年から２０２３年の流れを読み解く本です。

星占いは今日とてもポピュラーで、その手法もだんだんと世に広まってきています。私が星占いを学び始めた20数年前とは、隔世の感があります。

星占いは厳密には「誕生日で区切った、12種類の性格占い」ではありません。

たとえば「私は牡牛座です」と言うとき、これは正確には「私が生まれた瞬間、空の牡牛座のエリアに、太陽が位置していました」ということになります。

一般に言う「12星座占い」は、正確には「太陽星座占い（生まれたときの太陽の位置を基準にした占い）」です。

いわば、生まれたときからあなたのなかに輝き続けている太陽と、今、天に光っている星々が、たがいに呼び合う声を聴く、そんな占いが「星占い」なのです。

本書は「3年」という時間の流れを射程に入れています。

「3年」には、「石の上にも三年」「桃栗三年柿八年」のように、「ある程度時間がかかることが完成する期間」というイメージがあります。

実際、日本では中学校や高校は3年で卒業です。

であれば、この「3年」の入り口で何かしら目標を掲げたら、3年後にはそれが叶っている可能性が高い、と言えるかもしれません。

星の動きから見ても、2021年から2023年は星座を問わず、特に「時間のかかる目標」を掲げるのにふさわしいタイミングです。

というのも、2020年12月に起こった「グレート・コンジャンクション（木星と土星の会合）」は、約200年を刻む「時代」の節目となっていました。

産業革命に始まった資本の時代、お金とモノの所有が人々の目標となった「地の時代」が終わり、新たに「風の時代」、すなわち、知や関係性、情報、コミュニケーション、テクノロジー、ネットワークなどが力を持つ時代が始まったのです。

2020年はみなさんも体験された通り、「いつも通りの生活」が世界規模で吹き飛ばされる時間となりました。

多くの人が命を落とす悲劇が起こりました。さらに、生き延びた人々の多くが、大切なものを失い、生き方そのものを変更せざるを得なくなりました。

過去200年のなかで私たちが培った価値観のいくばくかは、思いがけないかたちで消え去ったのです。

占星術を知る人々のあいだでは「2020年は大変な年になりそうだ」という予測は多くなされていて、私自身、そうしたコメントを雑誌などに出してはいたのですが、これほどのことが起こるとは想像していませんでした。むしろ、もっと人為的な、大きな国際紛争などが起こるのではないかと考えていたのです。最後の「地の星座の時間」は、文字通り大自然に震撼させられる年となりました。

そして、「風の星座の200年」の幕開け、2021年が到来します。

「風の時代」の始まりの2021年、多くの人が新たな価値観を選び、生き方を選び、新しい夢を描くことになるでしょう。

多くの悲しみと苦悩の向こうで、人々は、希望をつかもうとするはずです。

これまでできなかったことも、できるようになるかもしれません。

かつてとはまったく違う「新しい自分」に出会えるかもしれません。

本書を手に取ったあなたの心も、すでに新しい時間の息吹を、少しずつでも感じ取っているはずです。


何かを新しく始めるときや、未知の世界に歩を進めるときは、だれでも不安や恐怖を感じるものだと思います。

この3年のなかで、あなたもそんな「始まりへの怯え」を感じる場面があるかもしれません。

そんなとき、本書から「大丈夫だよ！」という声を聞き取っていただけたなら、これほどうれしいことはありません！

3年の星占い━牡牛座━2021年－2023年◎目次

ブックデザイン
石松あや
（しまりすデザインセンター）

イラスト
本田亮

DTP
つむらともこ

校正
鷗来堂

第1章

3年間の風景

3年間の風景

《2021年から2023年の牡牛座を、ひとつの「風景」として描いてみます。そのあとで、「風景」に見えたもの（文中ハイライト）をひとつずつ、日常的・具体的な言葉で読みといていきます》

2020年までの時間、あなたは**「旅」**を続けてきたようです。
それはかなりの長旅で、あてのない旅だったかもしれません。
2020年の終わりごろ、あなたの長旅はやっと終わりました。
「ここだ！」と思える場所にたどり着いたのです。

でも、その場所には、まだ何もないのです。
草木が生い茂り、石がゴロゴロころがっている「荒野」のような場所で、だれもいません。

あなたがその場所を「ここそが目的地だ」と思えたのは、「すでにだれかが住んでいる場所」ではなく、「自分の王国」をつくりたかったからです。

あなたの目には、そこはただの荒れた野原ではなく、「切りひらけばゆたかな実りをもたらすはずの、可能性にあふれる場所」として映ったのです。

2020年の終わりから2021年、あなたは必死にその場所を切りひらいて、見事に農場をつくりあげます。

これまでの旅のなかで学んだことを、この場所ですべて活かし、ひとつの世界をつくりあげることに成功するのです。

土地はあなたの要望にこたえるように、ゆたかな実りを授けてくれます。美しい家屋や作業場も完成し、あなたの体の一部のようになります。

2021年の終わりごろには、最初にこの場所にたどり着いたときに夢見た通りの風景が、あなたの目の前に広がっているでしょう。

すると、**うわさを聞いた人**があなたのもとを訪れ、「自分もここで暮らしたい」と申し出るようになります。

そうした人々が三々五々、集まってきて、あなたが開拓した場所には、いつのまにか、ひとつの村のような世界ができあがりました。

そんなあるとき、集落の人々がみんなで、あなたに「相談」を持ちかけます。

あなたは、この場所の「**王様**になってほしい」と頼み込まれるのです。

ですがあなたは、難色を示します。

というのも、人々を統(す)べるということが、非常にむずかしい仕事だとわかっているからです。

重い責任は、ひとりの人間としてのあなたの人生を、縛ってしまうでしょう。人の面倒を見ることで手一杯になり、たとえば自由に旅をしたり、自由な意見を述べたりすることもできなくなってしまうでしょう。

あなたは、彼らの依頼を断ります。

それでも、人々は自分たちのために、なんとか「世界を治める役割」を担ってほしいと、あなたに依頼するのです。

もともとは、あなた自身がつくった場所です。小さくても、人々が集まって住む、ひとつの世界です。自分の生き方や望み、これまでたどってきた道のり、みんなのことなど、深く深く考えた結果、あなたは「王様になる」ことを引き受けます。

ですが、そこにひとつ、条件をつけました。

「よろしい、王様になりましょう。ただ、あなたがたが見たり聞いたりしたことのあるような王様にはなりません。私は私の考える、**いちばん自由でいちばん新しい王様**になります。」

自分で考える、いちばん自由でいちばん新しい王様。

これは、「従来型の王様」になるよりも、考えようによっては、大変なことです。何をして何をしないか、すべて自分で考えなければならないからです。

さらに言えば、「なぜそれをするのか」「なぜそれをしないのか」の理由を、心のなかに持たなければなりません。

その「理由」は、いったいどうやってつくればいいのでしょうか。

やるべきことは山積みですが、あなたはあえて、それに挑戦してみたくなるのです。

2023年からその先に向かって、あなたは「王様」として、新しい自分へと変化を始めることになります。

「風景」の解説

「社会人になる」と言うと、一般には「働きに出る」ことを意味します。でも、「社会に出る」とは、本当に「働きに出る」ことだけなのでしょうか。

たとえば、子育ての公的サポートを受けたり、介護サービスを利用したりするとき、私たちの生活はしっかり「外の社会」と結びつきます。

自分の人生の一部を、外の世界に向かって「開く」ことをしないと、適切なサポートが受けられないのです。

実際「家のなかに他人が入ってくるのは、イヤ!」というふうに、「閉じて」しまう人もいます。

こうなると、自分個人を生かしていくことが、むずかしくなります。

幼いころは、親などの身近な大人が、社会と自分とのつながりを保つ作業をすべて、担ってくれます。それが、大人になるにしたがって、学校からのプリントを受け取ってきたり、自分で役所や金融機関で手続きをしたりと、徐々に「社会」とやりとりをするようになります。

そう考えると、私たちの人生は成長とともにどんどん「社会化されていく」と言ってもいいかもしれません。

だいじなのは「人が生きていく」ということです。

この「人」には、自分も他人も、すべての「人」が含まれます。

人のために何かをしてあげることも、自分自身を守るために助けを求めることも、同じくらい大切な「社会的行為」で、正しいことです。

ゆえに、社会に対して仕事をするときだけでなく、社会からサポートを受けるときも、私たちの人生は社会に対して「開かれる」ことになります。

元気でバリバリ働いているときと、子育てや介護に取り組むときと、自分自身が世話をしてもらうときとでは、社会に対する「開かれ方」は変わります。

さらに言えば、これほど大きな違いではなくとも、人生のこまかな局面の変化で、私たちの社会との関わりのあり方は、常に変化し続けています。職場での役職が変わったり、子どもが進学したり、パートナーが転職したりするだけでも、社会と自分の関わりにかなりの変化が生じます。

「居場所」と言えば、一般には「家・家族・住処」を指します。

ですがもしかすると、本当の「居場所」は、「社会的つながり」でできているのではないかという気がします。

小学生でも、学校で友だちができないとき「学校では居場所がない」と感じます。これは、大人が職場などで経験するのと同じ現象です。

ちゃんとした家があっても、近所の人々とのトラブルが起これば、「住み心地」は一気に悪化します。

私たちは「世の中に住んでいる」ので、「社会的居場所」こそが「生活の場」だと言えるのではないかと思います。

人生の段階に合わせ、関係性が変化し、社会的居場所も変わっていきます。

2021年から2023年にかけて、牡牛座の人々の人生は、これまでとはまったく違ったかたちで、社会に対して開かれていくことになります。

「社会的居場所」の変化こそが、この3年間に起こる「メインイベント」なのです。

・長い旅

２０１７年の終わりごろから、あるいはもっと前の２００８年ごろから、あなたは「長旅」のような取り組みをずっと続けてきていたのではないかと思います。文字通り、居場所を転々としたり、移住を試みたりしてきた人もいるでしょう。あるいは、それまでいた世界とは別の世界に飛び込んで、自分の「社会的居場所」はどこなのか、探し続けてきた人もいるかもしれません。

この「旅」は、物理的な移動にとどまらず、たとえば知的な活動も当てはまります。ずっとひとつのことを学び続けたり、研究を続けたりしてきたなら、それも立派な「旅」です。

夢の職業に就くために資格取得を目指した人、自分の技を磨いてもっと上のレベルに到達しようとしてきた人もいるでしょう。それもまた、時間をかけた探検旅行のような体験だったはずなのです。

ある人は2010年ごろ、長年続けてきた両親の介護を終え、「どう生きていったらいいか、わからない」という思いを抱いたそうです。

今まではとにかく親の介護という大きな任務があり、そのために必死にがんばってきたけれども、それが終わった今、ひとりになって、やりたいこともなければ人生をともにする相手もいなくなり、からっぽになってしまった、というのです。

この人はここから、新しい生き方や目標を探す「旅に出た」と言うことができると思います。

おもしろいことに、胸にこびりついた「問い」は、自然に「答え」を呼び寄せます。

「どう生きていけばいいのだろう」「このままひとりで生きるのだろうか」などという「問い」が胸のなかにあると、いつもと同じ風景を眺めていても、どんどんその問いに関係するようなものが、目のなかに飛び込んでくるのです。

もちろん、その問いが真剣で、切実なものであるときだけ、そんな現象が起こります。

何かを問うているつもりでも、「本当は答えを知りたくない」「問いを直視したくない」という状態になっている場合は、どこにも答えが見つかりません。

心のなかに真剣な問いが疼いているときは、答えそのものではなくとも、ヒントや手掛かり、きっかけなどが、妙に目のなかに入ってくるものなのです。

もちろん、自分から答えを探して、意識的にアクションを起こし、どんどん変化を「つくっていく」ことになる可能性もあります。

いずれにせよ、この人の生活は徐々に、出会いに導かれ、「からっぽ」ではなくなっていきます。

これが、この人の「旅」です。


2017年ごろから「思想」「理想」を求めてきた人もいるかもしれません。何を信じて生きればいいのか、何がこの世でいちばん正しいことなのか。それがわからず、さまざまな意見を求めてさまよってきた人もいるかもしれません。


世の中にはたくさんの「主義」があります。政治経済にまつわるような主義主張はもとより、たとえば「ミニマリスト」「ベジタリアン」なども、生き方であり、思想です。

過去数年のなかで、なんらかの宗教に出会った人もいるかもしれません。

宗教も、「生き方」です。

たとえば、フィクションで描かれる冒険旅行は、宝物や桃源郷など、わかりやすい「いいもの・価値あるもの」を探す旅です。

これを現実の人生に当てはめるなら、宝物や桃源郷は、「理想の生活」「信じられる思想」「人生の目標」などになるのではないでしょうか。

２０１７年の終わりごろから、あるいは２００８年ごろから、あなたは何かしら、「自分の人生において、とっておきの価値があるもの」を探す旅を続けていたのではないかと思うのです。

・「ここだ！」と思える場所

前述のような「長旅」の果てにたどり着いたのが、２０２０年12月にあなたが立っている場所です。

あるいはもう少しあと、2021年のなかで見つけるものなのかもしれません。
これは、あなたの「人生の目標」「社会的居場所」と呼べるような何かです。

風景のなかで描かれたように、ここにたどり着いた段階では、この場所にはおそらく、まだ何もないはずです。

2021年にあなたが立つのは、「なんでも建てていい場所」「何を描いてもいい、まっ白な画用紙」のような世界です。

とはいえ、あなたはここで「何を描けばいいのかな」と当惑することはありません。

なぜなら、これまでの「旅」のなかで、建てたいものや描きたいもののヴィジョンが、すでにできあがっているはずだからです。

もし「ここで何をすればいいかわからない」という人も、遅くとも2021年のなかで、「これをやってみよう！」という目標をつかめるでしょう。

そしてすぐに、その目標のなかに飛び込んで、活動を始められるはずです。

具体的にはこの3年のなかで、転職や独立、昇進などを果たす人が少なくないはずです。また、結婚や出産、引っ越しなどにより、生きるフィールドが変わる人もいるでしょう。

どれもすべて、広い意味での「社会的居場所」です。

社会的責任、立場が重みを増し、これまでよりも多くのものを守り、マネジメントしていくことになるでしょう。肩書きが変わり、視野も変わります。

ある業界で「ブレイク」を果たす人もいるはずです。

また、長いあいだの念願だった地位に立つ人もいるだろうと思います。

・うわさを聞いて集まってきた人々

主に2022年を中心として、「仲間」が増えます。
社会的立場が変われば、人々との交流も変化していきます。

この時期の特徴としては、まずあなたの社会的な活動の変化があって、それを目にした人々が、あなたのもとに「仲間に入れてください！」と集まってくる、という傾向があります。

あなたのほうからある集団に参加する、といったかたちではなく、まずあなた自身のなんらかの活動があって、それを中心として人とのつながりができていく、というイメージなのです。

「社会的な居場所を探す」ことを、「自分に合った職場を探す」ことで実現する人ももちろん、いると思います。

ですが、この時期のおもしろさは、ただその職場の人々との仕事上の人間関係が生まれることにとどまらない点です。

そこから先に、「外側への人間関係の広がり」が、自然とできていくのです。

いわゆる「個人的人脈」と言われるようなものも、広い意味では「社会的なつながり」であり、「社会的居場所」です。

あなたの世界はこの時期、「人」を介して広がっていくのです。

・「王様」になること

２０２１年から２０２３年、あなたの世界で「社会的居場所」のほかに、もうひとつ変化するものがあります。

それは、「あなた自身」です。

私たちのアイデンティティは、実にさまざまなものでできています。兄弟姉妹との関係性に始まり、国籍やジェンダー、職業、年齢、所属している組織や集団、住んでいる地域など、多くの属性を自分のなかで無意識にまとめ上げ、ひとつのぼんやりしたイメージをつくって、私たちは「自分とは、こういう人間だ」と感じます。

成長し、人生経験を積むほどに、アイデンティティは複雑になります。学校の部活で「部長」と呼ばれたり、就職して会社の役職名で呼ばれたり、子どもを持って「○○ちゃんのパパ・ママ」と呼ばれたりと、アイデンティティの構成要素はどんどん増えていきます。

体験や立場が、「私」というイメージのなかに流れ込んで、いつのまにか、態度や雰囲気ががらっと変わってしまうこともあります。

幼なじみと長い年月を経て再会したとき「変わったね！」と驚かれるのは、そのためです。もとい、「変わらない」ことに驚かれることのほうが、一般には多いのかもしれません。

私たちは多くの場合、経験や社会との関係性のなかで、変えられてしまうのです。

２０２１年から２０２３年という時間は、牡牛座の人々にとって「社会的居場所の変化が、アイデンティティに急激に流れ込んで、大きな変化を引き起こす時期」と言えます。

この変化はすでに２０１９年ごろから始まっていて、２０２６年ごろまで続いていくプロセスなのですが、特に２０２１年から２０２３年の変化は、あなたの「社会的居場所の変化」から流れ込んでくるものが多いのです。

「王様」という比喩は、そうしたアイデンティティの変化をあらわしたものです。

「王様は、生まれたときから王様らしいのではなく、周囲から王様としてあつかわれることによって、王様らしくなる」と言われます。

自分の立場や果たすべき役割が決まり、それに沿って活動を始めたとき、周囲との関わりを通して、私たちは「新しい自分」を見つけてゆくことになるのです。

・「いちばん自由で、いちばん新しい」王様

「周囲の人々に王様としてあつかってもらうことで、はじめて王様らしくなる」場合、その「王様」のイメージは、少なからず周囲の人々のつくりあげたものです。

ゆえに、その人たちの経験や記憶のなかにある「王様」に近いものにしかなりません。

みんなが知っている「王様らしさ」は、従来型の、「よくある王様」です。

みんなが「こういう王様になってほしい」と思うような、期待される王様像です。

でも、この時期のあなたは、そうはなりません。

「よくありそうな王様」像を、この時期のあなたは、断固、拒否するのです。

２０１９年の終わりからあなたが体験してきた「アイデンティティの変化」は、主に「自由」に向かうものでした。

もっと自由に、もっと個人としての人生を謳歌したい。

既存の価値観や他者からの評価に流されない、真の自分の生き方を探したい。

そういう思いが、２０１９年から２０２０年のあなたに、新しい選択を重ねさせてきたはずなのです。

ここへきて「社会的な居場所」があなたに「王様になること」を要請してきても、そこを変えるわけにはいきません。

「王様」は、その華やかな見た目に似合わず、非常に窮屈なものです。

膨大な量の「他者の人生」を少なからず背負っているのですから、当然です。

自由に外を歩くことも、ひとり旅を楽しむことも、自由に恋をすることもできません。

自分で何かやりたいことがあっても、ぐっとこらえなければならない場面がたくさんあります。

「みんなのために、自分を制限して生きる」

これが、王様の生き方です。

ですがそんなふうに、他者のために自分を抑え込む生き方は、今のあなたの望むところではないはずです。

私たちは社会的な生き方を選択したとき、いろいろなことをガマンさせられることがあります。

たとえば、髪型や下着の色などまで指定する理不尽な校則や、「お茶くみは女性の仕事」といった職場の非合理なローカルルールなどは、その典型です。

こうした「集団の決まり」に怒りを感じ、納得がいかなかった場合、ルール自体を変えさせるために行動を起こす人たちがいます。その人たちこそ、「自由で新しい王様になる」ことを選択した人たちです。

家族のために自分を犠牲にする人、睡眠時間まで削って仕事に打ち込まざるをえない人もたくさんいます。

「社会人とはこうあるべき」「介護はこうしなければならない」「完璧な妻・夫・娘・息子であらねばならない」「プライベートと仕事は華麗に両立させなければならない」などは、「古いタイプの王様になる」ことに似ています。

そうした価値観に対し、反旗を翻す（ひるがえ）こともまた「新しい王様像」の模索を意味します。

たとえば２０２１年から２０２３年のなかで、「結婚して家庭をつくる」ことになった人がいたとします。

その体験は、あなたのアイデンティティへと流れ込みます。

結婚後、家事と仕事の両立に悩まされる人は少なくありません。

性別を問わず、生活のあり方が変わることで、いろいろなガマンが生まれます。

そのなかには、伝統的な「妻とはこうあるべき」「夫とはこうあるべき」という型枠に自分を押し込め、そこに新しいアイデンティティを見いだそうとしたがゆえに生まれる苦しみもあります。

もちろん、伝統的な価値観のなかで伸び伸びと持ち味を出し、心から満足して生きることができる人もいます。

ですがその一方で、「息苦しい」「つらい」という思いを抱く人も多く存在します。

苦しいならば、その伝統的型枠は、その人に合っていないのです。

そこではじめて、解決策が必要になります。

それが「いちばん自由で、いちばん新しいパートナーになる」ことです。

・新しい価値観をつくるには

「いちばん自由で、いちばん新しい」かたちは、いったいどうつくればいいのでしょうか。

それは「経験」を材料として、生み出されます。

「新しい経験がアイデンティティへと流れ込む」とは、そういうことも指しています。実際にやってみたからこそ「これ以外の方法があるのではないか」とわかります。外から見ていたのではわからない方法を思いつけるのは、体験を経たからです。

たとえば、私たちは幼いころは主に「ほめられる側」に立ちます。

大人たちにほめられるか、叱られるか、ということを基準に物事を学習していきます。

ですが、成長すればいつか、自分が「ほめる側」「叱る側」に立ちます。部活で「先輩」と呼ばれるようになったり、仕事で新人を指導したりするような場面は、大人になればなるほど増えていきます。

子育てはもとより、介護の場では、自分の親や祖父母を「よくできたね！」とほめることさえあるのです。

「ほめられる側」から「ほめる側」に変わると、私たちはまったく違った視野を得ます。「ほめられる側」は、すでにある方法を探したり、身につけたりすることを目指しますが、「ほめる側」は、「何がよくて、何がよくないか」を自分で考えなければならないのです。

実際、指導者・教育者の立場に立って「どうほめればいいのか」に悩んでいる人は少なくありません。

そこに、確固たる価値観がなければ、何をほめるべきかわからないのです。

おそらく、２０２０年までに学んできたことと、２０２１年から経験していくことが、あなたのなかに新しい価値観をもたらすはずです。

２０２０年までのあなたは「旅」のなかで、非常に多くのことを学び、考えてきたはずなのです。

２０２１年から２０２３年のあなたは「学んできたこと」を、現実のなかで次々に実行し、試行錯誤を重ねて、自分の力に変えていきます。

そのなかで、新しい価値観が生まれ、あなたの新しいスタイルをつくりあげていくことになるのです。

２０２１年の始まりに、２０２０年までに学んだことを一度、おさらいしておくのもおもしろいかもしれません。

自分の生き方や取り組んでいることに関して、「ノート」のようなものをつくっておくと、そこから先の場面で、役に立つことがあるかもしれません。

第2章

1年ごとのメモ

2021年――人生の大転換点

最高にドラマティックな、人生のターニングポイントです。
何が起こってもおかしくないような、特別な星の時間です。

人生のなかでそうしょっちゅう起こるわけではないようなこと、たとえば転職や独立、肩書きの変化、引っ越し、結婚や出産、未知の世界に飛び込むような転機を迎える人が少なくないでしょう。

あとになって「あのとき」と言えばすぐに思い出せるような、記憶に残る時間となるはずです。

これを読んで「ちょっと大げさだな」と感じる人もいるかもしれませんが、私としてはむしろ、「このくらいでは、少し表現が控えめかも」と思っているくらいなのです。

社会的な立ち位置が大きく変わり、セルフイメージやキャラクターも変わります。両者は前章で述べた通り、連動して起こる変化です。「自分はこういう人間だ」というイメージが、自分のなかで変わります。さらに、人からも「変わったね!」と言われることになるかもしれません。

2023年もそうした時間となりやすいのですが、この2021年は特に「外向けの顔」が大きく変わる気配が強いようです。

たとえるなら「先生」が「教頭先生」や「校長先生」になるような変化です。

仕事や対外的な活動において大活躍し、大成功を収める人も少なくないでしょう。

長年願ってきたポジションに立つ人もいるでしょう。

これまでの努力が報われるかたちで、新しい場所に「迎え入れられる」人もいるかもしれません。

指導者やリーダーのような役割を引き受ける人もいれば、「一国一城の主（あるじ）」となる人もいるはずです。

このような変化は２０２０年の終わりごろから、もう少し早ければ２０２０年春からすでに、始まっています。そして２０２１年に大きく花開きます。


ここであなたが選択することや、経験することは、「前例のない」ことがほとんどだろうと思います。

過去の経験則や行動パターンを、今起こっていることに「当てはめる」ことができないので、決断に迷うことも多々、あるかもしれません。

それでも、この時期のあなたはいつになく果断です。

進むべき道はあなたの内側からほとばしる光に照らされて、あなたの前にいつもはっきりと示されるはずだからです。


さらに、この時期のいちばん大きな特徴は「責任が重みを増す」点です。

昇進や独立はその典型ですが、たとえば「子どもを育て始める」といったこともじゅうぶん、「社会的責任が増す」ような変化です。

自分以外の他者の人生を引き受けたり、コミットしたりする度合いが増すのです。

あなた自身の生活も、外界に向かって開かれます。

より多くの人と関わりを持つことになります。また、その関わりのかたちも、より深く、重みのあるものとなります。

世の中にはこんなにたくさんの、こんなにいろいろな立場の人がいたのだ！　と、驚かされるような場面もあるかもしれません。

・「過去の延長線上」にある、新展開

２０２１年はかなり大きな変化のある年で、とにかく「変化に揉まれる」ような体験をする人が少なくないはずです。

ですが一方で、「それまでの積み重ね」が実を結んだ末の体験でもあるはずです。

たとえば「これまでやってきたなかでもっとも大きなプロジェクトで、新たにリーダーとしての役割を引き受ける」といったことです。

こうした変化は、「変化」ではあるのですが、まったく未知の体験ではなく、あくまで「これまでの経験」の延長線上にあります。

2021年のあなたの大活躍や、新しい選択は、2020年までにあなたが歩んできた道の「頂点」のような場所にあります。

ずっとのぼってきた山の、いちばん高い場所に立つような展開なのです。

ゆえに、前述のように「経験則」や「行動パターン」はそのままでは当てはまらないかもしれませんが、過去に得た知識や実績は、むしろ大いに役に立つはずです。

2021年は、賞賛され、高い評価を受けるような場面も多いでしょう。

受賞したり、優勝したり、なんらかの競争を勝ち抜いて頂点に立ったり、脚光を浴びたりする人もいるはずです。

2021年はそういう意味で、「光の当たる、明るい場所」です。

・人との出会い、夢との出会い

5月から7月にかけて、一気に交友関係が広がります。「人脈が増える」ような時期です。

上下関係や利害関係など「しがらみ」に縛られなくていい、フラットに関われる相手が増えることで、心がとてもオープンになっていくでしょう。

この流れは2022年にまたがって、続いていきます。

2011年ごろから漠然と胸にあった希望や夢が、ここで具体的なかたちを帯び始めるかもしれません。

ここから2022年にかけてある程度以上に「夢が叶う」人もいるでしょう。

または、ぼんやりとしたイメージが、現実的な「プラン」に変わっていく人もいるはずです。

たとえば「いつか、自分でお店を持ちたいな」といったイメージが、次第に「この町で、カフェをやってみたい！」というような現実味を帯びてくるのです。あるいは、散歩している最中に理想的な物件が貸しに出ているのを見て、俄然、「イメージが現実に変わり始める」といった展開もありえます。

「人の夢が自分の夢になる」「出会った相手の夢にとりこまれる」といったことが、起こってもおかしくありません。

インパクトの強い人物に出会い、その人物から強力な影響を受けるとともに、親密な関係となり、やがてその人の夢を、自分もいっしょに目指していくことになる、といったドラマは古来、枚挙にいとまがありません。

この時期、あなたの人生にも、そんなドラマティックなことが起こる可能性があります。

私たちは「人」と出会うように、「夢」とも出会うものなのかもしれません。漠然としたイメージが、ふと出会った現実的なリソースにぱっと流れ込んで、夢と現実が一体化していく、といったことがこの時期、起こりやすいようです。

・欲ばりな旅、欲ばりな学び

あなたは旅をするとき、「欲ばる」ほうでしょうか。

せっかく行くのだから名所と言われるところをできるだけたくさん回りたい、その土地ならではのおいしいものもしっかり食べたい、お土産も珍しいものをたくさん買いたい、という、パワフルな旅をする人は少なくありません。

2021年の11月から2022年3月頭は、あなたにとってとても楽しく明るい「冒険旅行」の季節となっています。2020年も「旅の季節」だったのですが、あのときのある種の重圧や緊張感は、ここではほとんど感じられないでしょう。

ただ、この時期の旅の特徴として「欲ばり」「貪欲」があるのです。それも「なんでもおもしろいものを詰め込みたい！」という貪欲さではなく、なんらかの目標やゆずれないポイント、できるだけ濃くしたいテーマがあるようなのです。

この時期は「学びの季節」でもあります。

そこでもまた「できるだけ自分の興味関心を満たしたい」「せっかく学ぶのだから、とことん質問して、ゆたかな知を得たい」という気持ちが高まるでしょう。

実際、そうした積極的で貪欲な態度は、教え導いてくれる「師」にも感染します。

より多くを学びたい、と思っている生徒ほど、先生はいろいろと教えてあげたくなるものなのです。

愛する人から多くを学ぶ人もいるでしょう。

あるいは、遠くにいる人を愛する人もいるかもしれません。

そこでも、「バックグラウンドを異にする」ことを土壌として、愛や学びが育つ気配があります。

謎を解いていくような、未知の世界を探検しにいくような喜びが、愛とともにふくらみ、あなたのなかに根づきます。

親戚縁者との関係が濃密になる時期でもあります。

遠く離れた親族や、幼いころから知っている人々と、新しい交流を持てるかもしれません。

この時期の「心の交流」は、ある種のレトロな雰囲気を含んでいる気配もあります。現代的な、どちらかと言えば爽やかでべとつかない、距離を置いた理性的な関わり方とは、少し違った結びつきが生まれやすい感じがあるのです。

たとえば、通信手段の発達した現代では、「会いに行く」ということが少々特別な意味を持ちます。

でも、ほんのひと昔前は、直接会いに行くことや、ある場所になんとなく「入りびたる」ことが珍しくありませんでした。そんなふうに恒常的に時空を共有することで得られる、心の結びつきがあったのだと思います。

20～30年前の小説を読んだり、『男はつらいよ』のような映画シリーズを目にすると、現在とは人と人との距離感が大きく違っていたのだな、と思わされます。

もちろん、そこにはよい部分がある一方で、人を抑圧するようなよくない部分も多く含まれていたはずです。

とはいえ、現代では決定的に遠ざかった「他者との距離」は、多くの人に「生きづらい」思いをもたらしているのも、たしかなのではないかという気がします。スマートフォンを通してどんなに「つながって」いても、冷たい孤独を感じ続け、傷つき続けている人がたくさんいるのです。

この時期、ふだんは遠く離れているはずの人々と、不思議に深い、どこかこってりした関係を結ぶことができるかもしれません。

その「こってりした」部分は、あなたの新しい生命力の源泉のような機能を持つことになるでしょう。

人の存在というものの、正誤ではなく、善し悪しでもない、もっと根源的な部分を「信じる」ことができるようになるかもしれません。

2022年——夢を紡ぎ、友に会う

2022年は「幸福な年」です。

実はこう書くのは、占いを書く者としては、少々勇気がいるのです。

これを読んだ方がワクワクしながら1年をすごした結果、「ちっともいいことなんてなかった！」と、とてもがっかりする場合があるからです。

実際「幸福になる」なんていう占いなど読んでいなければ、こんなにがっかりすることもなく、淡々としていられたのに！　とお叱りを頂戴したこともあります。

占いははずれることも多いので、こうしたことが起こるのは致し方ないのですが、予防線を張ってもう少し、やわらかめに書いておけばよかったかな……と思ってしまうこともあります。

でも、この2022年はやはり、「幸福な年」と書きたいのです。というのも、この年は「受け取れるもの」が、おそらくたくさんあるからです。

「幸福な年」と言えば、どんなイメージが浮かぶでしょうか。苦労や不幸のまったくない年、お金やモノがたくさん手に入って経済的に不自由しない年、夢見たことが叶う年、楽しいことで埋め尽くされた年……。

人によって「幸福な年」のイメージは、おそらく千差万別だと思います。「幸福」のイメージが、過去の苦労や不幸のイメージからできあがっている場合もあります。「あんな苦労は二度としたくない！」という思いが反転して、「幸福の風景」をつくりだします。

2022年の牡牛座の「幸福」は、気高く美しく、新しいものでできています。「人生がくれた贈り物」のようなものが、たくさん詰まった年なのです。

2021年に手にできるのが「これまでの努力の果実」ならば、2022年のあなたに贈られるのは、未来に向けたはなむけのようなギフトです。

2021年の喜びが「過去」に根ざした果実なのにくらべ、2022年にあなたが手にするのは、「未来」に向かって押し出されるような贈り物なのです。

私はよく、占いで「桃太郎のきびだんご」を比喩に用います。

桃太郎の育ての親であるおばあさんは、彼が鬼退治に向かう出発の日、きびだんごをつくって持たせます。

この「きびだんご」はおもしろいことに、桃太郎自身のおなかを充たすよりもだいじな役割を持っています。イヌ、サル、キジを彼の仲間にするために使われるのです。まるで、おばあさんが桃太郎のために、間接的に援軍を用意してくれたかのようです。

２０２２年にあなたが「ギフト」として手にするのは、たとえばそういうものなのかもしれません。

未来に向かうあなたを強くバックアップしてくれるもの、あと押ししてくれるもの、守ってくれるようなものが、あなたに「もたらされる」のかもしれません。

それを手渡してくれるのは、身近な人や日ごろ関わっている人、さまざまな人であろうと思います。

ただ、ここでも「桃太郎」の比喩にちょっと重なりそうな点があります。

それは、桃太郎のおばあさんは、あくまで「育ての親」であり、「産みの親」ではないところです。桃太郎は知らないかもしれませんが、おばあさんと桃太郎は、川で偶然「出会った」のでした。

2022年の牡牛座の人々は、おそらく「後天的に出会った人々」から、さまざまな未来へのギフトを受け取れるのだろうと思います。

それは、たとえばもっともベタなかたちなら「経済的支援」もありえます。ただ、桃太郎のきびだんごのように、それは「食べてしまっておしまい」のようなものではありません。

彼がきびだんごを用いて軍勢を整えたように、あなたもまた、ここで受け取ったギフトをもっと大きな力として、「展開する」ことができるはずなのです。

これはとても幸福なことです。

自分でやりたいと思えることがあり、それを支援してくれる大きな力に恵まれる、という展開だからです。

2022年の幸福は、「もたらされる」「恵み」という要素を含んでいますが、決して「何もしなくてもハッピー」「棚からぼた餅」ではありません。

「棚からぼた餅」と「きびだんご」の違いは、本人の意志や選択があるかどうか、という点です。

「棚からぼた餅」の幸福は、本人の希望や夢はまったく関係ありません。それは突然落ちてきて、食べてしまえばおしまいです。

一方の「きびだんご」は、桃太郎自身の意志があったからこそ、もたらされた恵みです。おばあさんはおそらく「鬼退治など、危ないからやめておきなさい」と引き留めたかもしれないのです。それを振り払って「どうしても、鬼退治に行きたいのです！」という夢と決断があったからこそ、「きびだんご」が贈られ、それが新しい意味を持つことにもなりました。

私たちは、何かがただ「与えられる」だけでは、真に幸福にはなれないもののようです。

自分の夢や行動、決断、意志があった上で、そこになんらかのサポートがもたらされ、さらに夢を自分の手で叶えたとき、はじめて「幸福だ！」と感じられるものなのではないでしょうか。

夢や意志、サポート、夢の実現。

この3点セットに恵まれそうなのが、牡牛座の2022年なのです。

・2層のテーマ、2年にまたがるテーマ

2021年の怒濤のような「人生の転機」は、ふたつの層からなっていました。

ひとつは「約12年に一度の、社会的転機」で、もうひとつは「約30年に一度の、社会的成長の時間」です。

この2層が重なったがゆえに、2021年の表現は大げさすぎるほどドラマティックになってしまったのでした。

2022年、2層の重なりは分離します。

1層は別なテーマへとシフトし、1層は継続します。

すなわち、2022年に入るころには「約12年に一度の、社会的転機」は収束し、新しい「夢を紡ぎ、友と会う」ストーリーがスタートするのです。

もともと、2022年のテーマ「夢をつむぎ、友と会う」は、実は2021年から始まっています。前項2021年のページで「5月から7月」の出来事として書いたことは、すべてこの2022年にも当てはまるのです。

夢に出会うこと、友に出会うこと、友と出会って夢を得ること。

これらは2021年5月から7月に「第1章」が置かれていて、続きの章が2022年に展開するのです。

2022年、仲間との関わりは厚みを増し、人との交流はさらに大きく広がっていくでしょう。

新しい人々と出会い、理想を共有し、「よりよく、より美しいものを目指したい！」という思いが高まりそうです。

未来を信じること、視野を広げること、何がよい生き方なのかを考えることは、2022年の一大テーマです。

この時期の「夢」は、たとえば「将来○○になりたい！」というような、個人の人生の夢にとどまりません。「こんな世の中をつくりたい」「この社会的な問題を解決したい」というような、大きく広やかな夢が生まれます。

こうした夢には、あなたの誇りや価値観、人生観のすべてが詰め込まれます。何を救いたいか、何を育てたいか、という考え方が、ブラッシュアップされ、鍛え上げられます。

世の中には、そのような理想を追い求める努力を、鼻でわらう人もいます。善をおこなおうとする人を「偽善者」とあざわらう人もいます。「青くさい」「非現実的」「絵に描いた餅」等々、「よきもの」を目指す姿勢をけなす言葉は、びっくりするほど、たくさんあります。

努力する人々は、そうした言葉に深く傷つきます。

ですが、この時期のあなたは、現実の活動を通して、そうした「わらう人々」の弱さや怯えを知るでしょう。そして、それらの「わらい」が、気にするほどのものではないことを悟るでしょう。

・経済的「挑戦」

2022年8月下旬から2023年3月、経済活動において「大勝負」ができるときです。

収入拡大への挑戦をする人もいれば、大きな買い物に臨む人もいるでしょう。

ここで手に入るものは、前述の「ギフト」とは少し違います。

というのも、あなた自身が自分の手で獲得するものだからです。

「手に職をつける」ために学ぶ人、修業する人もいるはずです。

また、自分の持って生まれた才能を活かすために、思いきった決断をする人も少なくないはずです。

過去にたどってきた道のりのなかで「自分に才能があるとわかっているのに、あえてあきらめたこと」がある人は、それを「発掘」し、再び挑戦することができるかもしれません。

自分のなかに抑え込んでいた思い、長いことガマンしていたこと、心の押し入れに放り込んでいたような願いがあれば、それを取り出して、現実的な「武器」や「防具」に変えられるかもしれません。

・初夏と秋、魔法のような出会い

２０２２年は「友との出会い」の年だと前述しましたが、それ以外にも公私ともに、ゆたかな、そして少し神秘的な出会いに恵まれる年です。

もとい、出会いはすべて不思議な部分を含んでいます。

「ご縁があって」とは、その偶然の不思議さを語るための言い方です。

2022年の5月、そして10月後半から11月前半にかけて、そんな出会いが生まれやすいかもしれません。

「距離を超えた出会い」「学びを介しての出会い」「遠い親戚縁者を介しての出会い」の気配も強く感じられます。

たとえば、「数百年前の戦乱の際、おたがいに助け合った両家の子孫が、今も定期的に交流して親しくしている」といった話を聞いたことがあります。

そんなふうに、私たちの人生における「出会い」は、自分の人生の長さを超えたストーリーを基盤として起こることもあるのです。

この時期の「出会い」には、もしかすると、そんな不思議な歴史的経緯が含まれていてもおかしくないのです。

2023年——スタート、自由への飛躍

この『3年の星占い 2021-2023』を書くにあたって、12星座中、もっとも華やかな描写になったのは、実はほかならぬあなたの星座、牡牛座です。

年間占いやこうした長期の占いを書くときは、やはりそのときハデな動きのある星座と、比較的おとなしい動きになる星座とがあるのですが、今回の「3年」で主役と言える星座は、あなたの星座「牡牛座」になる気がします。

「ハデな動き」と「おとなしい動き」の違いは、「幸運・不運」ということではあ

りません。

だれの人生にも、いろんな変化が起こる時期と、そうでもない時期というのがあると思います。

もちろん、変化がない時期が「つまらない、何もない時期」ということではなく、心の深いところで重要な変化が起こっていたり、いろいろなことを蓄積・吸収する時間だったりと、それぞれだいじな意味も価値もあります。

ただ、本人はもとより、周囲の人々から見ても、「今が転機だね！」「いろんなことが起こっているね！」というような具体的な「動き・変化」が大スケールで起こるタイミングというものはあって、それが「ハデな動きのある時期」ということなのです。

たとえば、結婚なら「結婚式」、建築でも「上棟式」、入学式や卒業式、歓送迎会など、個人の人生のイベントを、多くの人に「おひろめ」することがあります。「だれの目にも見える、ハデな動き」とはそういうことです。

転職も引っ越しも出産も、趣味や仕事での「ブレイク」も、だれにとってもその大変さがわかりやすいのです。

そうした「ほかの人にもはっきりわかるような、大きめの変化」が重なって起こりがちな時期というものがあるとして、それが星にあらわれるとするなら、２０２１年から２０２３年は牡牛座の人々にとって、まさにそうした「大きな動きのある時期」と言えるのです。

２０２３年は何が起こってもおかしくない時期です。

転職、昇進、独立、結婚、出産、引っ越し、そのほかもろもろ、人生のなかでそうしょっちゅうは起こらないようなことが起こりえます。

「おや、これは２０２１年のページにもあったぞ」とお思いになるかもしれません。そうです。２０２１年から２０２３年、特に２０２１年と２０２３年は、どちらも堂々たる「何が起こってもおかしくない年」「人生の大転機」なのです。

ただ、2021年と2023年では、少し違うところもあります。

2021年の変化はどちらかと言えば「社会的立場の変化」「外向けの変化」「社会における居場所の変化」です。

一方、この2023年の変化は「自分自身の変化」「個人としての変化」「人生の再スタートのような変化」なのです。

2021年のあなたのまなざしは「社会」に向かっています。2023年は「自分」「自分の人生」に向かっているのです。

・約12年前の「自己変革」との違い

2023年は、めざましい自己変革の時期、「生まれ変わる」ような、フレッシュなスタートのタイミングです。

ここから約12年をかけた幸福の物語が始まる節目なのです。

古来「幸運の星」とされる木星がほかならぬあなたの星座に巡ってくるのですが、前回は2011年後半から2012年前半でした。

そのころと今回と「同じことが起こる」かと言うと、決してそうではありません。もとい、ある類似性は感じられるかもしれませんが、大きく違うところがあります。

というのも、あのころと違い、今のあなたはすでに、もっとスケールの大きな自己変革の時間のなかにあるということです。

たとえば、12年前がピアノ伴奏での独唱だったとしたら、今回はオーケストラと合唱団つきの独唱、というようなイメージです。今回のほうが断然、スケールとボリュームが大きいのです。

「私はこういう人間だ」というセルフイメージ、アイデンティティが、この2023年のなかで、新しいかたちに脱皮していきます。

私たちの「自己」のイメージは、時代背景と強くリンクしています。

古い時代の価値観から新しい時代の価値観を獲得していくプロセスは、「世代交代」ばかりでなく、その時代を生きる個人の心のなかでもしっかり、展開していきます。

ひとりの人生のなかでも、価値観や世界観は大きく変化します。

その変化の振り幅が、2021年から2023年はすこぶる大きいタイミングなのですが、そうした価値観の変化を受けて「キャラクターが変わる」のが、この2023年と言えるかもしれません。

前章の「3年間の風景」のなかで描いた、「新しい、自由な王様像」がここに誕生するのです。

「自己変革」というと、たとえば生活のあり方を変えたり、欠点や弱いところを直したり、といったイメージがわくかもしれません。

こうしたことは、自分で自分にルールを決めたり、自分と内面的に戦ったり、といったイメージが浮かびますが、この2023年は決して、そうした「内向き」のやりとりで終始するわけではありません。

むしろ、外界とのやりとりは2021年・2022年よりもさらに拡大していきます。

他者との関わりのなかで、新しい自分を見つけていけるのです。

・プレッシャーからの解放

2021年ごろから、あなたは仕事や社会的な立場において、大きな責任を背負ってきました。

重要な立場に立ち、多くの人のマネジメントを任され、あるいは一家のリーダーとして中心的な役割を果たしてきたのではないでしょうか。

「守られる側」から「守る側」へと転じた結果、最初はプレッシャーが重くのしかかり、ストレスもあったはずです。

それが、2年ほどの地道でリアルな経験を通して、だんだんにこなれ、身につき、今ではラクラクとその役割をこなせるようになっているのです。

2021年からあなたの重荷ともプレッシャーともなっていたなんらかのテーマが、2023年3月頭、静かに収束していきます。

重たい荷物から解放される人もいれば、それをあつかう筋肉がついて「もはや重みを感じない」状態になっている人もいるだろうと思います。

いずれにせよ、過去2年ほどの「重荷」は、もうここにはありません。

翼が生えたような自由を感じる人もいるでしょう。

特に、組織やチーム、家庭といった、あらゆる意味での「人間集団」から受けるストレスと緊張感が軽減されます。

人は集団で生きることにより、自然の猛威から身を守り、強くなります。ですが、集団で生きるがゆえに、自分を押し殺し、抑制する、という生き方を引き受けざるをえません。この「抑制」の部分が、２０２３年３月以降少なからず、解除されるはずなのです。

・本物の自由

２０２３年の大きなテーマに「自由」があります。

２０１９年ごろからあなたはさまざまなかたちで「自由」を模索してきたはずで

す。

その内容は主に、「古い価値観からの自由」「自分を縛るものからの自由」だったのではないでしょうか。

2023年はそこに、新しい「自由」のヴィジョンが加わります。

それは、「孤独」の反対側にあるものです。

一般に、自由と孤独は表裏一体のものと考えられることがあります。

自由を求めて、人は孤独になる、と言われます。

自由ほしさに愛する人と離別する、といった話は、よく語られます。

ですが、本当の愛を断ち切った生き方は、はたして「自由」なのでしょうか。

孤独は、人を自由にはしません。

むしろ、不自由にします。

「私はひとりで生きるのがいいの」と言う人が、不思議と、しばしばそのあとに続ける言葉があります。「友だちもたくさんいるし」と言うのです。

「友だちがいる」のは、孤独ではありません。ちゃんと友がいるのです。

私はムーミンの童話が大好きなのですが、そのなかにスナフキンというキャラクターが登場します。彼はひとり旅を好み、長期にわたって世界を放浪するのですが、ときどきムーミン谷に帰ってきます。

それは、親友のムーミンに会いたくなるからです。


彼が真に自由なひとり旅を楽しめるのは、谷にムーミンという友が待っているからではないでしょうか。

もし彼が一切の友だちを持たない、本当に孤独な存在だったら、それほど「自由」を楽しめないのではないかと思います。


2023年、あなたは本物の自由のために、何かを「切り離す」ことではなく、何かと自分を「結びつける」ことをするだろうと思います。

結びつける対象がなんなのか、それは人によるでしょう。

友を得る人もいれば、なんらかの「帰るべき場所」を得る人もいるでしょう。恋人を得たり、あるいは何か、「フィールド」を得る人もいるかもしれません。

いずれにせよ、あなたはそれらに「縛られる」ことにはなりません。

その結びつきこそが、あなたに新しい自由な生き方をもたらすはずなのです。

第3章

テーマ別の占い

愛について

この3年間はとにかく忙しく、さらに、あなた自身の大きな変革期でもあります。ゆえに、愛のかたちもまた、「今まで通り」ではなくなるようです。社会的立場が変わり、交友関係が変われば、自然と「人を見る目」が変わっていきます。

人のどういう面に魅力を感じるか、人をどんなふうに許容できるか、などが変化すれば、つきあう相手もおのずと、変化します。

さらに2019年以降、あなたは「自立・自由」というテーマを生きています。愛の世界においても、このふたつのテーマが重要なのは言うまでもありません。かつて、依存的な愛のかたちを繰り返してきた人は、そのスタイルを大きく変えていくことができるでしょう。

パートナーシップもまた、より自由で新しいかたちに変えていけます。おたがいの自由度が高まるほど、おたがいを必要とする度合いもまた、大きくなっていきます。

・愛を探している人

この3年間は非常に視野が広くなっているので、恋愛も単なるプライベートな楽しみとはとらえにくいでしょう。人生の目的や社会的価値観を共有できる相手、ともに「育て合える」ような相手に心を惹かれるはずです。

特に2021年ごろは、社会的に高い立場にある人や力を持つ人物に引きつけられる場面があるかもしれませんが、２０２２年になると、その人の「ひとりの人間としての人間性」に目が向かい、真贋（しんがん）を見分けることができそうです。

社会の表面的なヒエラルキーの上のほうにいる人々は、一見、自信に満ちて、輝いて見えます。

ですが、ひとりの人間同士で、一対一の関わりに至ったとき、そこで問題になるのはむしろ、その人が「いかに自分自身の弱さを受け止め、引き受けているか」という点です。

愛する力は、思いやりや共感力と同じで、常に人の弱さから生まれるからです。

社会的に強い力を持ってしまった人々は、しばしば、自分の「弱さ」に鈍感になります。自分の弱さへの鈍感さは、ひとりの人間としての脆（もろ）さにつながってしまうのです。

この3年のなかで、あなたはなんらかの「人生の目標、夢」を見上げることになるはずです。そこで探すべきパートナーは、その目標や夢を否定せず、応援してくれる相手です。さらにあなた自身も、相手の夢や目標を心から応援したいと思えることがだいじです。

「応援し合える相手」との出会いが訪れる可能性も、この3年間は、とても高くなっています。

特に2022年の5月と10月後半から11月前半、2023年の5月と10月末から11月頭は、ドラマティックな出会いの気配が強い時期です。

2023年7月から11月頭も、愛のドラマが一気に展開しそうな、熱い季節です。

・パートナーがいる人

パートナーは「戦友」であり、サポーターであり、支援者です。

この時期のパートナーシップは、プライベートな関係である以上に、社会的な要素を含んでいます。

世の中の変化を受け止めて、自分自身の人生を切りひらく上で、パートナーはこの時期、多くのことを教えてくれるでしょう。

「家に仕事を持ち込まない」「家族とはむずかしい話をしない」など、公私を切り分けることで家庭をあたたかくしようとする人も、世の中には少なくありません。たしかにそういう方針が合っている人々もいるだろうと思います。

でも少なくともこの時期は、カップルがカップル同士のこと「だけ」を話し合う、という方針は、合わない場面が出てくる気配があります。

パートナーシップは、「未来を共有する」関係です。
「未来」は、完全に個人的な事情だけでできているわけではありません。社会が変化すれば、そこに住む私たちの個人的な生活も変化します。この時期はおそらく、そうしたテーマに向き合う必要があるのだと思います。

特に2021年から2022年のなかで、あなたとパートナーの信頼関係は重みを増すとともに、大きく広がっていくでしょう。「カバーし合える範囲が広くなる」ような時期なのです。親友として、相方として、相棒としての機動力が高まり、共有できるものも増えていきます。

2022年8月下旬から2023年3月は、パートナーシップにおける経済関係にスポットライトが当たります。お金の管理の仕方、稼ぎ方、役割分担などを根本的に再構築できるタイミングとなりそうです。

・愛に悩んでいる人

長いあいだ、愛の悩みを抱え続けている人は、ひとりの世界に閉じこもることなく、「外側に心を開く」ことを試みると、道が見つかりそうです。

そこにあるのはゆがんだ叱責や非難ではなく、プレーンな「問題解決への道」です。


というのも、2021年から2022年は特に、相談相手や「味方」に恵まれる時期なのです。

ただ相談に乗ってくれるだけでなく、問題解決のためにいっしょに動いてもらえるでしょう。友だちや目上の人、信頼できる第三者が、あなたの心の動きによりそって、未来を切りひらくための策を、いっしょに練ってくれます。

また、この人はあなたを「指導してくれる」存在でもあるかもしれません。
どうしてこうした悩みが生まれたのか、悩みの大もとにあるものはなんなのかを、心の奥底までいっしょにのぞき込んでくれるかもしれません。

悩みに飲み込まれたような状態にあるとき、私たちの視野は非常に狭くなっています。愛の悩みの世界は特に、とても窮屈です。

感情の大波が収まったあとでは「なぜあんなことで悩んでいたのだろう？」と不思議になるようなことでも、悩みの渦中では大問題なのです。

ですがこの3年間はとにかく、なかば強制的に視野が拡張され、精神的自立を目指すことを促され、自由に生きるとはどういうことかを、考えさせられる時期となっています。

ゆえに、愛の悩みは、それが窮屈なものであればあるほど、「解消されやすい」

時期と言えるかもしれません。

・愛の季節

愛に強い追い風が吹くのは、2021年4月なかばから5月なかば、7月下旬から9月、10月末から12月頭、2022年5月下旬から6月、2023年7月から11月頭です。

さらに2022年の5月と10月後半から11月前半、2023年の5月と10月末から11月頭は「愛のミラクル」が起こりやすいタイミングとなっています。驚きを含む、素敵な進展が期待できます。

仕事、勉強、お金について

・仕事について

この3年は「仕事の季節」と言いきりたいくらい、大活躍・大躍進できる時間となっています。大きな仕事に挑んだり、重要なポジションについたりする人がたくさんいるはずです。

さらに、2020年の終わりから2021年にかけては、幾度繰り返しても足りないような「大転機」となっており、夢を叶えたり、「大ブレイク」したりする人が少なくないはずなのです。

ずっとがんばってきたことがあれば、きっとここで、大きな成果となって報われるでしょう。

「特にがんばってきたことなどはない、やりたいこともなく、なんとなく生きてきた」という人も、この3年のなかで心から打ち込めるものに出会えるかもしれません。

人生全体を見渡しても、この3年間、特に2021年は、キャリアのターニングポイントとしてはっきり思い出せる時間となるはずです。

やりたいことがあれば、思いきって実行に移してみるべきです。

変化を嫌う、がまん強い牡牛座の人々は、どんなに現状が不満でも、「新しい苦労を背負い込むよりは、このままでいるほうがマシ」と考えてしまいがちです。でも、この時期はそうした状態から脱出できます。

おそらく、あなたを脱出させようとする力が、いろいろな方向から働くはずです。

「背中を押される」どころではなく、上から強く引っ張り上げられるような経験をする人もいるかもしれません。

かつてより大きな舞台に立ち、目立つ役割を引き受け、強いスポットライトを浴びることになるでしょう。

経験のすべてを活かし、さらに新しいことに踏み込んで、結果を出せます。

なかには「自分を変える」ことで、夢を叶える人もいるかもしれません。

「自分はこの程度だ」「自分にはこのくらいがちょうどいい」といった心の制限を取り払い、あえて身の程知らずと思われるような場所にでも、大胆に「打って出る」ことができるはずです。

２０２１年がもっとも目立つ転換点です。

２０２１年に着手したことを、２０２３年3月までのなかでしっかり「軌道に乗せる」ことができます。

この時期の「大活躍」は決して、一過性のものではありません。

ここで得た「社会的居場所」は、頑丈で広大な石の建設物のように、今後長く拠点とできる場所なのです。

２０２２年の年明けから春にかけては特に、非常に忙しい時期となるでしょう。

・勉強について

過去のことになりますが、２０２０年はまさに「学びの年」でした。

さらに言えば、２０１７年の終わりごろから２０２０年にかけて、精力的に、時間をかけて学んだことがあるのではないでしょうか。

その「学び」の内容は、２０２１年からの「現場」で活かすことができます。

時間をもっと遡(さかのぼ)ります。

あなたには、2008年ごろから貪欲に探究を続けてきたテーマがあるのではないでしょうか。

あるいは、そのころから「師」と仰いできた人物がいるのかもしれません。

または、「その人」に少しでも近づくために何かを学んできた人もいるでしょう。

そのプロセスがそろそろ、最終段階に近づいています。

あなたの長く密かな、渇望のような学びのプロセスが、そろそろ黄金へと変わりつつあるのではないでしょうか。

この「黄金」にスポットライトが当たりそうなのが、2021年11月から2022年3月頭です。

あなたが10年以上かけて追求してきたものがなんだったのか、このあたりで全容が見えてくるはずなのです。

ほかに、勉強に勢いが出そうな時期は、2021年1月、4月下旬から7月、2022年7月後半から8月前半、12月から2023年2月上旬、3月下旬から6月頭、12月です。

・お金について

経済活動に勢いが出るのは、なんと言っても2022年8月下旬から2023年5月頭です。お金のために「挑戦」したくなりますし、大きな買い物をする人も少なくないでしょう。

さらに、2022年8月から10月、そして12月下旬から2023年5月頭は、この経済活動を通して何かしら、あなたの心のなかにある慢性的な問題を解決できる時間となるかもしれません。

または、たとえば浪費とか、物質への依存のようなこと、心理的な迷路のなかから出てきた経済活動の困ったクセなどがあれば、この時期に根本的な解決を試みることもできそうです。

たとえば買い物依存、摂食障害、アルコールやその他嗜好品への依存など、「物質」と「心」の関係が混乱している人は、世に少なくありません。

そうした問題をこの時期、なんらかのかたちで解決できる気配があります。それも、「心の問題だ」として、精神論で打ち消そうとするようなかたちではなく、むしろ物質との関わり方を少しずつ変えていくことで、心にアクセスしようとするような、より現実的なアプローチができるのかもしれません。

住処、生活について

・住処、家族

高みを目指し、自由を志すこの時期、星占いの世界で「足元」のような場所にある「住処・家族・生活」のことは、視野に入りにくいかもしれません。でも、忙しければ忙しいほど、外に出て行こうとすればするほど、その活動の支えとなるのは、生活の土台である「居場所」であるはずです。

社会的立場の変化と「居場所」の変化は、現代社会では連動しがちです。

転勤や転職をきっかけに引っ越す人も少なくないでしょう。

また、たとえば「都会での会社勤めをやめ、田舎に移住して農業を始める」といった選択もあり得ます。

職住が一体となって「動く」ことも、大いにありうる時期なのです。

たとえば、パートナーの転勤についていくか否か、といった選択を迫られた場合、「自己犠牲の精神」は判断に悪影響を及ぼします。あくまで自分のなかに「その場所に行ってみたい！」という思いがわくかどうかが、いちばん大切な点です。その移動を「自分自身の新しい冒険」としてとらえられるのでなければ意味がないのです。

自分自身の人生の目標、生き方、精神的自立などが、ここでは常に思考の軸となります。自分をだれかの「サブ」のような存在、従属的な存在と見なしてしまうと、だいじなことを見失う可能性があるのです。

進むべき方向がわからなくなったり、心が揺らいだりしたとき、「身近な人・身内」の存在は、とても頼りになります。この時期は特に、かなり意外なかたちで「軌道修正」のきっかけをくれるのが、身近な人であるようです。人生の重要な岐路で、あなたに「いちばん新しい扉を開くカギ」を手渡してくれるのは、家族のだれかかもしれません。

身内の言葉がヒントとなり、あるいは心を決めるあと押しとなります。

家族や居場所に関して、すばらしい追い風が吹くのが、２０２３年5月下旬から10月上旬です。この間、引っ越しや家族構成の変化なども起こりやすいでしょう。ここで起こることをきっかけに、あなたの住む世界はとても美しく、楽しくなっていきます。

ほかに、居場所に変化が起こりそうなタイミングは、２０２１年6月中旬から8

月、2022年7月下旬から9月頭です。

・生活、健康

2021年から2022年は特に、ワーカホリックになりやすい時期です。

何かに夢中になると、ほかのものが目に入らなくなる傾向もある牡牛座の人々は、「働きすぎ」「抱え込みすぎ」の状況になってしまうと、なかなかその状況を変えられないこともあります。

さらに言えば、この時期は体調の変化が「突然」訪れやすくなっています。

蓄積した疲労や無理がたたる場合でも、それらしい予兆があったり、グラデーション的に体調が悪くなったりするのではなく、いきなり倒れるようなことになりやすいのです。

忙しいときほど睡眠をしっかりとり、強制的に休養を設定することがだいじです。

夢、楽しみについて

・夢

「夢を描く」「夢を叶える」ことについて、これ以上は望めないほど、有望な時間が巡ってきます。

その「有望な時間」とは、具体的には2021年5月から7月、2021年の年末から2022年前半、そして2022年10月下旬から12月中旬です。

この時期に見つけた夢、描いた夢、選び取った夢は、この時期に叶うか、あるいはもう少し未来であっても、かならず叶うでしょう。

この時期は大変特別な星の時間で、この先、あなたの人生のなかで同じ配置が巡ってくることはありません。

「夢を描き、夢を目指す」上で、これほど強力な時間帯は、ちょっと考えられません(この星の動きについてくわしく知りたい方は、次章の「星の動き」の解説をどうぞ!)。

ぜひ、できる限りスケールの大きな夢を描き、それを「本気にして」いただきたいと思います。

大人になるにしたがって、「現実」に幻滅させられる場面が増えていくものですが、この時期は決して、ワクワクする気持ち、可能性を信じる気持ち、理想を追い求める気持ちを忘れないでいただきたいのです。

この時期のあなたが思い描いた夢は、あなたひとりのものにとどまらない可能性があります。あなたの夢に「巻き込まれる」人々がいて、あなたはその人たちに、夢を追いかけるという責任を、引き受けることになるのかもしれません。

・楽しみ

この時期の楽しみは主に「外界」にあります。

どんどん外に出て、見知らぬ人々に出会っていくことが楽しく感じられるでしょう。特に、人が集まってつくる場所に「入っていく」ことに妙味があります。

サークルに参加したり、イベントに出向いたりするなかで、人のネットワークが広がり、新しい楽しみをつくりだせます。

あなた自身がイベントや人が集まる場を「企画・運営」することになるかもしれません。

2021年から2022年は特に、できるだけ多くの人と楽しみを共有したい時期です。

２０２３年は、一転して「自分の世界」に意識が向かうかもしれません。「ひとりで楽しむ」というわけではないのですが、少数精鋭で楽しんだり、身内との時間を大切にしたり、家での楽しみが増えたりするかもしれません。

特に２０２３年5月下旬から10月上旬の期間は、盛大なホームパーティーを開いているようなイメージの時間帯です。

・遊び

人から教えてもらう遊びがありそうです。

自分ひとりで開拓する場面もあるかもしれませんが、だれかに誘われたり、だれかのマネをしたりして、新しい遊びを覚えられる感じがあります。

また、少しマニアックな趣味に出会う人もいるでしょう。

そのおもしろさを共有できる相手が少ないからこそ、おもしろさが増す、といったこともあるのかもしれません。


アイテムやリソースを多く必要とする遊びにのめり込む人もいそうです。

「かたちから入る」ことが好きな牡牛座なので、特に２０２２年の後半は、過度な散財には注意が必要です。買い物に「熱くなる」時期だからです。最初から道具を買いそろえるのではなく、レンタルなどである程度その世界のことを知ってから、少しずつ購入するほうが安全かもしれません。

自分、人間関係について

この時期の人間関係は、「外へ外へ」と広がります。

たとえば、同じクラスの友だちと話すより、ほかのクラスの友だちと話すことに向かいます。同級生ではなく、先輩や先生と意見交換することがおもしろくなります。

社内で話すよりは他社の人と、同じ業界の人同士よりは異業種の人と、同年代よりはずっと若い人かずっと年上の人と、どんどん交流を持ちたくなるでしょう。

「外部」は、「もっと広い世界」です。

人間関係が外側へと広がるほど、あなた自身の生き方に、新しい要素が組み込まれます。

たとえば、1匹のミツバチをよく調べても、ハチの巣のあの精緻な構造はまったく読み解けません。たくさんのハチが集まってはじめて、ハチの巣の姿があらわれます。1羽の小鳥を調べても、鳥の群れが飛ぶときのルールは、わかりません。H_2Oの分子ひとつを調べても、たくさんのH_2O分子が集まってできた「水」の流れる性質はあらわれてこないのです。

人間にもまた、そうしたところがあります。

だれかと出会ったり、集団に所属したときはじめて、「自分にはこんなところがあったのか！」という発見があるものです。

ひとりでいるときには決してわからない「自分」が、社会に出てどんどん立ちあられます。

2021年から2023年は、実はどの星座の人にもそうした現象が大きなスケールで起こりやすい時期なのですが、特に牡牛座のあなたは、そのことをもっとも強く体験するのではないかと思うのです。

自分自身が変わること。

新しい顔を持つこと。

内側から新たな顔が「出てくる」こともあれば、外界とのやりとりのなかで新しいペルソナ（仮面）をつくりだすこともあるでしょう。

それは、固定された「営業スマイル」のようなものではなく、もっとダイナミックで、もっと「あなた自身のもの」です。

第4章

3年間の星の動き

2021年から2023年の「星の動き」

星占いにおける「星」は、「時計の針」です。時計の中心には地球があります。そして「時計の文字盤」である12星座を、「時計の針」である太陽系の星々、すなわち太陽、月、7個の惑星（地球は除く）と冥王星（準惑星）が進んでいくのです。

ふつうの時計に長針や短針、秒針があるように、星の時計の「針」である星たちも、いろいろな速さで進みます。

星の時計でいちばん速く動く針は、月です。月は1カ月弱で、星の時計の文字盤である12星座をひと巡りします。ですから、毎日の占いを読むには大変便利ですが、本書であつかう「3年」といった長い時間を読むには不便です。

年単位の占いをするときまず、注目する星は、木星です。

木星はひとつの星座に1年ほど滞在し、12星座を約12年で回ってくれるので、年間占いをするのには大変便利です。

さらに、ひとつの星座に約2年半滞在する土星も、役に立ちます。土星はおよそ29年ほどで12星座を巡ります。

もっと長い「時代」を読むときには、天王星・海王星・冥王星を持ち出します。

占いの場でよく用いられる「運勢」という言葉は、なかなかあつかいのむずかしい言葉です。

「今は、運勢がいいときですか？」

「来年の運勢はどうですか？」

という問いは、時間が「幸運」と「不運」の2色に色分けされているようなイメージから生まれるのだろうと思います。


でも、少なくとも「星の時間」は、もっとカラフルです。

木星、土星、天王星、海王星、冥王星という星々がそれぞれカラーを持っていて、さらにそれらが「空のどこにあるか」でも、色味が変わってきます。

それらは交わり、融け合い、ときにはストライプになったり、チェックになったりして、私たちの生活を彩っています。

決して「幸運・不運」の2色だけの、モノクロの単純な風景ではないのです。

本書の冒頭からお話ししてきた内容は、まさにこれらの星を読んだものですが、本章では、木星・土星・天王星・海王星・冥王星の動きから「どのように星を読んだのか」を解説してみたいと思います。

木星：1年ほど続く「拡大と成長」のテーマ
土星：2年半ほど続く「努力と研鑽」のテーマ
天王星：6〜7年ほどにわたる「自由への改革」のプロセス
海王星：10年以上にわたる「理想と夢、名誉」のあり方
冥王星：さらにロングスパンでの「力、破壊と再生」の体験

ちなみに、「3年」を考える上でもっとも便利な単位のサイクルを刻む木星と土星については、巻末に図を掲載しました。過去と未来を約12年単位、あるいは約30年単位で見渡したいようなとき、この図がご参考になるはずです。

・木星と土星の「大会合」

本書の「3年」の直前に当たる2020年12月、木星と土星が空で接近しました。肉眼でもはっきり見えるとても印象的な現象だったので、記憶していらっしゃる方も少なくないはずです。

あの隣り合う木星と土星の「ランデヴー」は、牡牛座の人々から見て「社会的立場、キャリア、社会的居場所」をあつかう場所で起こりました。

そして、土星と木星は2021年、ほぼこの場所でいっしょにすごすことになるのです。

正確には、木星は2022年には出て行ってしまいますが、土星は2023年早春までこの場所に滞在します。

ゆえに本書の内容の大部分が、「社会的立場、キャリア、社会的な居場所」についての記述に割かれることになりました。

木星と土星の大会合（グレート・コンジャンクション）は、約20年に一度起こる現象です。ゆえに２０２０年年末は「ここから20年の流れのスタートライン」と位置づけることができますし、両者が同じ場所に位置する２０２１年という時間そのものが、ひとつの大きな「始まりの時間」と言うこともできます。

つまり、あなたの人生の物語において、この２０２１年、「社会的立場の変化」をきっかけとして新しい章の幕が上がる、ということになるわけです。

・土星の動き

２０２０年の年末に幕が上がったあなたの「キャリア、社会的立場の転換期」は、２０２３年3月頭までをかけて完成します。

土星は「時間をかけて取り組むべきテーマ」をあつかいます。

たとえば「ひとつの職場には、最低でも3年は在籍したほうがいい」などと言われます。これはもちろん、どんな場合にも当てはまるアドバイスではありませんが、土星のサイクルに当てはめると、なるほどぴったりきます。3年ほどがんばってみてはじめて「モノになる」ことは、けっこうたくさんあるのではないかと思うのです。

2021年、あなたはキャリアにおいて大きな扉を華やかに開きます。ですが「扉を開いた」直後には、まだまだ学ぶべきことがたくさん残っているはずです。2021年から2023年3月頭までのなかで、あなたは新しい世界で地道に経験を積み重ね、そして、その世界を見事に完成させることができるのです。第1章の「3年間の風景」に述べた、「集落の開拓が一段落し、集落の長となる」タイミングが、2023年の冒頭に訪れるはずです。

実は、この場所（水瓶座＝牡牛座にとって「社会的立場、キャリア、社会的居場所」を司る場所）の土星は、ごく居心地がよい状態になる、とされています。

土星は一般に「制限をかけるもの、孤独、冷却」とされ、重荷や重圧をもたらすと解釈されますが、山羊座と水瓶座においては「よいところが出やすい」と言われるのです。


もちろんこの時期、大きな目標に挑むときにつきものの、プレッシャーやストレスはあるだろうと思います。

ただ、それは決して「イヤなもの」ではなく、むしろ、何かに本当に真剣に取り組むときの緊張感が、心地よく感じられるシーンもたくさんあるはずなのです。

・木星の動き

惑星は楕円軌道を進むため、地球から見ると、水瓶座から牡羊座のあたりは駆け足で進むように見えます。ゆえに、2023年には早くも、木星があなたの星座までやってきます。

木星は古くから「幸運の星」とされ、この星が巡ってくる時期は、どの雑誌の占い記事にも「幸運期！」と書かれる傾向があります。

ですが私は、少し考え方が違います。

木星がもたらす「幸運」は、一時的な「ラッキー！」ですんでしまうようなケチなものではないだろうと思うのです。

実際、木星が巡ってきた時間の「体験談」をうかがうと、たいていは「大変だった！」という感想が返ってきます。長年勤めた職場を離れたとか、生まれてはじめて不動産を購入したとか、ドキドキの体験談が語られることが多いのです。

木星が巡ってくる年は、そこから約12年をかけて育てていける「幸福の種」がまかれる年だと私は考えています。

ゆえに、種をまく前に一度、自分の可能性の畑を「更地」のように耕してしまわねばならないこともあります。それまで生い茂っていたものをすべて、いったん刈り取る作業をする人が少なくないのです。

こうなると「何もなくなった」ように見えますが、そうではありません。新しいことがすでに始まっていて、2024年に入るころには、芽も出ますし、早い段階で実がなる可能性も高いのです。

木星は幸福の星であると同時に、旅の星、学びの星、理想の星、拡大と成長の星、そして、自由の星でもあります。

2023年、これらのテーマがあなたという存在を明るく照らし出すでしょう。ただし「拡大と成長」だけに、木星が巡ってくる年は「肥(ふと)る」とも言われます。体調管理には気をつけたいところです（！）。

・天王星の動き

牡牛座のこの「3年」を語る上で、非常に重要な星がもうひとつあります。

それは、２０１９年からあなたの星座に滞在している、天王星です。

冒頭から「自己改革」「アイデンティティの変化」「セルフイメージの変化」と何度も書いてきたのは、実はこの星のことなのです。

天王星は水瓶座を支配する星で、あなたの星座・牡牛座に天王星が滞在するということは、いわば「水瓶座の王様が、牡牛座を訪問して、滞在している」という状況になります。水瓶座と牡牛座のあいだに、強力な「パイプ」ができているのです。向こう（水瓶座）で起こった出来事の起こした波は、こちら（牡牛座＝あなたの世界）にもどんどん伝わってきます。

水瓶座は、牡牛座の人々から見て「社会的立場、キャリア、社会的居場所」をあつかう場所です。２０２１年はここに土星と木星が入り、土星は２０２３年まで滞在します。

ゆえに「仕事や社会的な活動、立場における『木星や土星の動き』が、天王星を入り口として、セルフイメージやアイデンティティへとダイレクトに流れ込んでくる」と考えることができるのです。

そもそも天王星という星自体が、「変革、改革、時代のいちばん新しい部分、突発的な変化、自由、自立」を象徴する星です。

この星があなたの星座に位置しているだけでもじゅうぶん以上に「自己変革の時間」なのですが、この「３年」はさらに、そこから星の動きを伝って、いろいろな力が流れ込み、あなたの人生と生き方、キャラクターを、ダイナミックに動かしていくことになるのです。

2023年は前述の通り、あなたの星座に木星という星が巡ってきます。切り口は違えど、木星もまた「自由」を象徴する星です。

つまり、星占いで「自由」を指し示す星がふたつとも、あなたの星座にそろうのが2023年なのです。

天王星的な自由は「集団的抑圧からの解放」「束縛からの離脱」「古い価値観への抵抗と解放」を象徴します。

木星的な自由は「知的活動の自由、精神の自由」「どこにでも行きたい場所に行ける、旅の自由」「冒険者の自由」「連帯の自由」を象徴します。

天王星的な自由は「分離」を含みますが、木星の自由は、師に教えを請うたり、出会いを求めたりする「連帯」に根っこを持っています。

2023年のあなたが目指す「自由」は、ゆえに、非常にゆたかなものとなるはずです。

・木星と海王星のランデヴー

2012年から、海王星は魚座に滞在しています。

海王星は魚座の王様のような星で、この場所にいるときは「力が強くなる」とされています。

さらに魚座にはもうひとつ「王様のような星」があります。それは木星です。

2021年から2022年にかけて、木星もまた、魚座に「帰還」するのです。

魚座に、王様のような星が2星ともそろうこの時期は、魚座の力がもっとも強くなる、非常に特徴的なタイミングです。

魚座は牡牛座から見て「夢、希望、友、仲間」を象徴する場所です。

ゆえに、夢を描いたり、夢を追いかけたり、希望を抱いたり、友だちと交流したり、仲間をつくったりすることに、2021年から2022年はいつになく勢いが増すでしょう。

親友を得る人もいれば、スポーツや趣味の集い、サークルなどに「居場所」を得る人もいるでしょう。

「何もやりたいことなどなかったが、突然、人生を賭けて取り組みたいライフワークに出会う」というようなことも、この時期ならじゅうぶんありえると思います。

さらに、牡牛座から見た魚座という場所は「広い社会」「世界」への大きな窓のような場所です。たとえばボランティアとか、社会的な運動などへの参加を通して、自分が世の中の一員であることを強く実感することもできるでしょう。


だれにでも「夢」はあります。

子どもの思い描く夢と、大人になってから見る夢とは、たいていは違っています。

今の自分として新しい夢を見ることは、この3年のだいじなテーマのひとつです。

・冥王星の動き

2008年ごろから、冥王星はあなたから見て「旅、学び、専門性、遠い世界」などを象徴する場所に滞在していました。

この星が2023年、とうとう移動を開始します。移動が完了するのは2024年ですが、徐々に変化があらわれ始めるでしょう。

2008年ごろから時間をかけて「移動」「学び」において、取り組んできたことはあるでしょうか。貪欲に進めてきたことがあるでしょうか。

2008年ごろに着手して、2020年にそのもっとも大きなピークを迎えたテーマもあったのではないかと思います。

過去15年ほど、あなたはふだんの生活のベース音のように、「世界の果てにあるという、秘密の宝物を求めて探検旅行を続ける」ような道のりを体験してきたのかもしれません。

その「宝物」の真価や具体的な意味がわかりそうなのが、２０２１年11月から２０２２年２月頭です。

このあたりであなたが手に入れる「遠方からのもの」は、２００８年ごろからのあなたの道のりの「成果」と関係があるはずです。

あなたがずっと知りたかったことは、なんでしょうか。

あなたがずっと探していた場所は、どんな場所だったのでしょうか。

自分でも気づかぬままに、「それ」を探して続けていた旅が、そろそろ終わりを告げます。

もし、「どうしても見たいと思いながら、まだ見ることができないでいる景色」

があるなら、ここから２０２４年までのなかで、見に行ってみてはいかがでしょうか。

その場所が遠ければ遠いほど、おそらく、得るものは多いはずです。

第5章

牡牛座の世界

牡牛座の世界

牡牛座の人々は感性に優れ、五感がとても敏感です。

ものの良し悪しや美醜をぱっと感じ取る、澄んだ鏡のような心を持っています。

牡牛座の人々の審美眼は「絶対的」です。そのすばらしい色彩感覚や音感を駆使して、アーティスティックな仕事に携わる人も多いようです。

牡牛座の人々はしばしば「がんこ」と評されますが、それは、単なる「かたくなさ」とは、少々違うように思われます。

まっさらな、何も描かれていない画用紙に、最初に置かれた混じりけのない色のように、牡牛座の人々は「自分が最初に受け取ったもの」を、ごく清らかな心で信じるのです。

たとえば、幼い子どもが大人から最初に教わった「教え」をごく純粋に信じきっていて、それとは少し違ったやり方をほかの大人が教えたときに「それはまちがいだよ！」と主張することがあります。牡牛座の人々の「がんこさ」は、そうした純粋さ、純良さに近いものです。

一方、だれかの言説や主張に感動すると、ごく純朴に自分の価値観をぱっと変えてしまうこともあります。

不思議にあどけない「信じやすさ」と「信じたことを変えない誠実さ」の両方が、牡牛座の人の特徴です。

牡牛座の人々は「節を曲げない」「一貫性を保つ」ことを重んじます。

知識も、信条も、感情でさえも、簡単には変えないところが、牡牛座の人々のすばらしい長所です。

とはいえ、そのことが牡牛座の人自身の足かせとなってしまう場合もあります。胸にわき上がる怒りや悲しみを「変えたいのに変えることができない」こともまた、ひとつの大きな苦しみです。簡単には思いを手放さないことが、牡牛座の人々の長所でもあり、見つめ続けてゆくべきテーマでもあるのだろうと思います。

牡牛座の人々はたいへん働き者です。その動きはゆっくりとしていますが、動きを止めることはありません。

牡牛座の人々の働く姿は、しばしば芸術的です。美しく優雅で、愉快なリズムに満ちて、軽やかなダンスを見ているようです。これは、牡牛座の人々の五感の鋭さと結びついているのかもしれません。

牡牛座の人々は、ひとつのことにじっくり向き合います。

変化を嫌い、慣れ親しんだものを愛します。

ときには「もう辞めたい、本気で辞める」と徹底的にグチりつつ、何十年も同じ職場で仕事をし続けているような人もいます。

「今がどんなにつらくとも、変化を選択するよりはマシ」と思いがちなのですが、いざ「変わろう」「動こう」と決めたなら、だれにも止められないどころか、当の本人さえも、自分を止めることはできません。

牡牛座の星

牡牛座を支配する星は金星、ヴィーナスです。

この神様は、ギリシャ神話では愛と美の女神アフロディテと同一視され、愛、美、快楽、ゆたかさ、芸術、平和を司ります。

古代メソポタミアの時代から、金星（イナンナ女神、イシュタル）と牡牛座は強く関連づけられていました。

古代の占星術家は、こう言います。

「愛の神は、彼ら（牡牛座の人々）の額に、好んで愛の王座を築く」

牡牛座は美とゆたかさの星座であるだけでなく、愛とあこがれの星座でもあるのです。

おわりに

シリーズ3作目となりました『3年の星占い　2021-2023』をお手に取っていただき、まことにありがとうございます！

3年ごとに出る本、ということで、首を長くして待っていてくださった読者のみなさまもたくさんいらっしゃり、本当にありがたく思っております。

また、今回はじめて手に取ってくださったみなさまにももちろん、お楽しみいただける内容となるよう、力を尽くしたつもりです。

ひと昔前、まだコンピュータが一般的でなかったころは、星の位置を計算するだけでも大変な作業で、星占いはどちらかと言えば「むずかしい占い」でした。たった20年ほど前、私が初学のころは、天文暦を片手に手計算していたものです。それが、パソコンが普及し、インターネットが爆発的に広まった結果、だれもが手軽に星の位置を計算した図である「ホロスコープ」をつくれるようになりました。今ではスマートフォンでホロスコープが出せます。

こうした技術革新の末、ここ数年で「星占いができる」人の数は、急激に増えてきたように思われます。

とはいえ、どんなに愛好者の人口が増えても、「占い」は「オカルト」です。決して、胸を張って堂々と大通りを闊歩できるようなジャンルではありません。むしろ、こっそり、ひそやかに、「秘密」のヴェールに守られて楽しんでこその「占い」ではないか、という気もします。

もとい「占いを楽しむ」という表現自体、ちょっと首をかしげたくなるところもあります。この表現はこのところごく一般的で、私も「お楽しみいただければと思います」という言い方をしばしば用います。でも、実際はどうだろうか、と思うのです。

占いははたして、「楽しい」でしょうか。

もちろん「仲のよい友だちといっしょに、旅先で占いの館を訪れて、おたがいに結果を見せ合う」とか、「飲み会に占いの本を持ち込んで回し読みしてワイワイやる」などのシチュエーションなら、占いは少しドキドキする、楽しいエンタテインメントです。

ですが、その一方で、不安や悩みを抱え、追い詰められた人が、「藁(わら)にもすがる」

思いで占いに手を伸ばすとき、その思いは「楽しさ」とはかけ離れています。「占い」は、楽しく、ちょっとふざけたものである一方で、非常に真剣で、極めて切迫したものとなるのです。恥ずかしながら私自身も、冷たい汗をかくような強い不安のなかで、占いに救いを求めた経験があります。

とりわけ2020年、全世界が突如、冷水を浴びせかけられたような、いわゆる「コロナ禍」に陥りました。多くの人々が突発的に、経済的な問題、人間関係上の問題、健康問題など、切実極まる問題に直面しました。

この人々が、いったいどんな気持ちで、こっそりと占いに手を伸ばしたことでしょうか。

それを想像するだけでも、胸を締めつけられるような思いがします。

日々私が書いている「占い」は、そうした、悩める心にこたえるものだろうか。
残念ながら私には、それに「こたえられる」自信が、まったくありません。

「占い」の記事は、フィクションやノンフィクションといった一般的な読み物と違い、読み手が自分自身の人生に、占いの内容をぐいっと引き寄せたとき、はじめて意味を持ちます。

ゆえに、読むタイミングが違えば、同じ占いの記事でも、まったく別の意味を持つことがあります。

最近、インスタグラムで、前作、前々作の『3年の星占い』の画像をアップしてくださっているのをしばしば見かけます。それらの画像に写る本の姿は、カバーも折れたり、スレたり、ヨレたりして、くたっとくたびれています。

そんなになるまで何度も読み返し、そのたびに違った意味を汲み尽くしていただいたのだ、と、心がふるえました。

私が書いたつもりのことを超えて、みなさんの手に届き、その人生に触れたときに、はじめて生まれる「意味」があるのではないか。

少なくとも今は、そのことを信じて、本書をお届けしたいと思います。

こんなことを書いた上で、あえて申し上げたいのですが、この『3年の星占い』、みなさまに「楽しんで」いただけることを、私は心から願っているのです。

というのも、ここからのみなさまの「3年」が、真にゆたかで希望にあふれる、幸福な時間となるならば、この本もおのずと「楽しくなる」に違いないからです！

太陽星座早見表

(1930～2027年／日本時間)

太陽が牡牛座に入る時刻を下記の表にまとめました。
この時間以前は牡羊座、この時間以後は双子座ということになります。

生まれた年	期　間
1954	4/21 0:20 ～ 5/21 23:46
1955	4/21 5:58 ～ 5/22 5:23
1956	4/20 11:43 ～ 5/21 11:12
1957	4/20 17:41 ～ 5/21 17:09
1958	4/20 23:27 ～ 5/21 22:50
1959	4/21 5:17 ～ 5/22 4:41
1960	4/20 11:06 ～ 5/21 10:33
1961	4/20 16:55 ～ 5/21 16:21
1962	4/20 22:51 ～ 5/21 22:16
1963	4/21 4:36 ～ 5/22 3:57
1964	4/20 10:27 ～ 5/21 9:49
1965	4/20 16:26 ～ 5/21 15:49
1966	4/20 22:12 ～ 5/21 21:31
1967	4/21 3:55 ～ 5/22 3:17
1968	4/20 9:41 ～ 5/21 9:05
1969	4/20 15:27 ～ 5/21 14:49
1970	4/20 21:15 ～ 5/21 20:36
1971	4/21 2:54 ～ 5/22 2:14
1972	4/20 8:37 ～ 5/21 7:59
1973	4/20 14:30 ～ 5/21 13:53
1974	4/20 20:19 ～ 5/21 19:35
1975	4/21 2:07 ～ 5/22 1:23
1976	4/20 8:03 ～ 5/21 7:20
1977	4/20 13:57 ～ 5/21 13:13

生まれた年	期　間
1930	4/21 5:06 ～ 5/22 4:41
1931	4/21 10:40 ～ 5/22 10:14
1932	4/20 16:28 ～ 5/21 16:06
1933	4/20 22:18 ～ 5/21 21:56
1934	4/21 4:00 ～ 5/22 3:34
1935	4/21 9:50 ～ 5/22 9:24
1936	4/20 15:31 ～ 5/21 15:06
1937	4/20 21:19 ～ 5/21 20:56
1938	4/21 3:15 ～ 5/22 2:49
1939	4/21 8:55 ～ 5/22 8:26
1940	4/20 14:51 ～ 5/21 14:22
1941	4/20 20:50 ～ 5/21 20:22
1942	4/21 2:39 ～ 5/22 2:08
1943	4/21 8:32 ～ 5/22 8:02
1944	4/20 14:18 ～ 5/21 13:50
1945	4/20 20:07 ～ 5/21 19:39
1946	4/21 2:02 ～ 5/22 1:33
1947	4/21 7:39 ～ 5/22 7:08
1948	4/20 13:25 ～ 5/21 12:57
1949	4/20 19:17 ～ 5/21 18:50
1950	4/21 0:59 ～ 5/22 0:26
1951	4/21 6:48 ～ 5/22 6:14
1952	4/20 12:37 ～ 5/21 12:03
1953	4/20 18:25 ～ 5/21 17:52

生まれた年	期　間
2003	4/20 21:04 ~ 5/21 20:12
2004	4/20 2:51 ~ 5/21 1:59
2005	4/20 8:38 ~ 5/21 7:47
2006	4/20 14:27 ~ 5/21 13:32
2007	4/20 20:08 ~ 5/21 19:12
2008	4/20 1:52 ~ 5/21 1:01
2009	4/20 7:45 ~ 5/21 6:51
2010	4/20 13:31 ~ 5/21 12:34
2011	4/20 19:19 ~ 5/21 18:21
2012	4/20 1:13 ~ 5/21 0:16
2013	4/20 7:04 ~ 5/21 6:10
2014	4/20 12:57 ~ 5/21 11:59
2015	4/20 18:43 ~ 5/21 17:45
2016	4/20 0:31 ~ 5/20 23:37
2017	4/20 6:28 ~ 5/21 5:31
2018	4/20 12:14 ~ 5/21 11:15
2019	4/20 17:56 ~ 5/21 16:59
2020	4/19 23:47 ~ 5/20 22:49
2021	4/20 5:35 ~ 5/21 4:37
2022	4/20 11:25 ~ 5/21 10:23
2023	4/20 17:15 ~ 5/21 16:09
2024	4/19 23:01 ~ 5/20 22:00
2025	4/20 4:57 ~ 5/21 3:55
2026	4/20 10:40 ~ 5/21 9:37
2027	4/20 16:19 ~ 5/21 15:18

生まれた年	期　間
1978	4/20 19:50 ~ 5/21 19:07
1979	4/21 1:35 ~ 5/22 0:53
1980	4/20 7:23 ~ 5/21 6:41
1981	4/20 13:19 ~ 5/21 12:38
1982	4/20 19:07 ~ 5/21 18:22
1983	4/21 0:50 ~ 5/22 0:05
1984	4/20 6:38 ~ 5/21 5:57
1985	4/20 12:26 ~ 5/21 11:42
1986	4/20 18:12 ~ 5/21 17:27
1987	4/20 23:58 ~ 5/21 23:09
1988	4/20 5:45 ~ 5/21 4:56
1989	4/20 11:39 ~ 5/21 10:53
1990	4/20 17:27 ~ 5/21 16:36
1991	4/20 23:08 ~ 5/21 22:19
1992	4/20 4:57 ~ 5/21 4:11
1993	4/20 10:49 ~ 5/21 10:01
1994	4/20 16:36 ~ 5/21 15:47
1995	4/20 22:21 ~ 5/21 21:33
1996	4/20 4:10 ~ 5/21 3:22
1997	4/20 10:03 ~ 5/21 9:17
1998	4/20 15:57 ~ 5/21 15:04
1999	4/20 21:46 ~ 5/21 20:51
2000	4/20 3:39 ~ 5/21 2:48
2001	4/20 9:37 ~ 5/21 8:44
2002	4/20 15:22 ~ 5/21 14:29

石井ゆかり（いしい・ゆかり）

ライター。星占いの記事やエッセイなどを執筆。

12星座別に書かれた「12星座シリーズ」（WAVE出版）は、120万部を超えるベストセラーになった。『月で読む あしたの星占い』（すみれ書房）、『12星座』『星をさがす』（WAVE出版）、『禅語』『青い鳥の本』（パイインターナショナル）、『新装版 月のとびら』（CCCメディアハウス）、『星ダイアリー』（幻冬舎コミックス）ほか著書多数。

LINE公式ブログで毎日の占いを無料配信しているほか、インスタグラム（@ishiiyukari_inst）にて「お誕生日のプチ占い」を不定期掲載。

毎晩、録り溜めた『岩合光昭の世界ネコ歩き』を30分ずつ見てから寝る。ネコは飼っていない。

Webサイト「筋トレ」http://st.sakura.ne.jp/~iyukari/

参考文献

『完全版　日本占星天文暦　1900年－2010年』魔女の家BOOKS
『増補版　21世紀占星天文暦』魔女の家BOOKS　ニール・F・マイケルセン
『Solar Fire・gold Ver.9』（ソフトウエア）Esoteric Technologies Pty Ltd.

[本書で使った紙]

本文	アルトクリームマックス
表紙	ブンペル ソイル
カバー・帯	ヴァンヌーボV ホワイト
別丁扉	タント Y-11
折込図表	タント R-11

すみれ書房
石井ゆかりの本

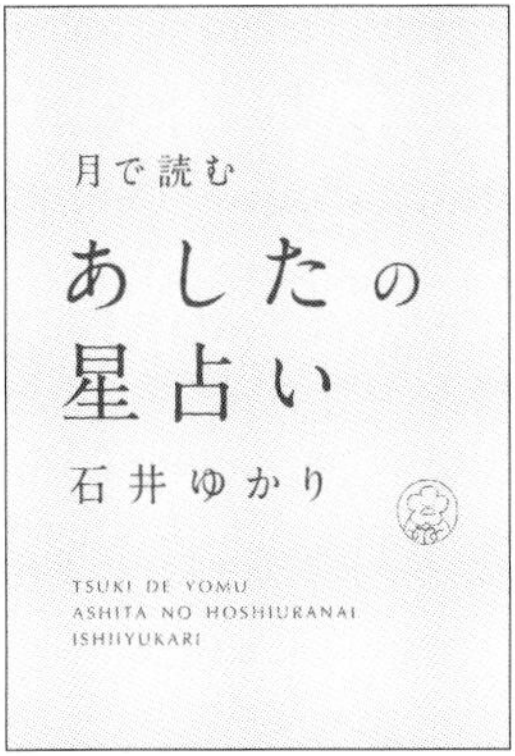

月で読む あしたの星占い

定価 本体1400円＋税
ISBN978-4-909957-02-3

簡単ではない日々を、
なんとか受け止めて、乗り越えていくために、
「自分ですこし、占ってみる」。

石井ゆかりが教える、いちばん易しい星占いのやり方。
「スタートの日」「お金の日」「達成の日」ほか12種類の毎日が、2、3日に一度切り替わる。膨大でひたすら続くと思える「時間」が、区切られていく。あくまで星占いの「時間の区切り」だが、そうやって時間を区切っていくことが、生活の実際的な「助け」になることに驚く。新月・満月についても言及した充実の1冊。　イラスト：カシワイ　ブックデザイン：しまりすデザインセンター

3年の星占い　牡牛座
2021年－2023年

2020年12月10日第1版第1刷発行
2021年8月2日　第6刷発行

著者
石井ゆかり

発行者
樋口裕二

発行所
すみれ書房株式会社
〒151-0071　東京都渋谷区本町6-9-15
https://sumire-shobo.com/
info@sumire-shobo.com〔お問い合わせ〕

印刷・製本
中央精版印刷株式会社

ISBN978-4-909957-08-5　Printed in Japan
NDC590　159p　15cm